ECHOS
DE
L'ATELIER

I

LA PARTICIPATION
DU TRAVAIL
AUX BÉNÉFICES

Prix : 20 Centimes

IMPRIMERIE Albert MARÉCHAUX
4, Boulevard Michelet, 4
MEULAN-HARDRICOURT (Seine-&-Oise)

ÉCHOS

DE

L'ATELIER

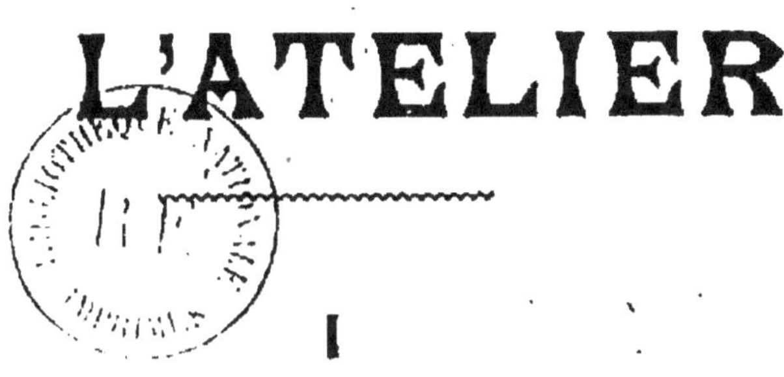

I

LA PARTICIPATION

DU TRAVAIL

AUX BÉNÉFICES

Prix : 20 Centimes

IMPRIMERIE ALBERT MARÉCHAUX
4, Boulevard Michelet, 4
MEULAN-HARDRICOURT (S.-&-O.

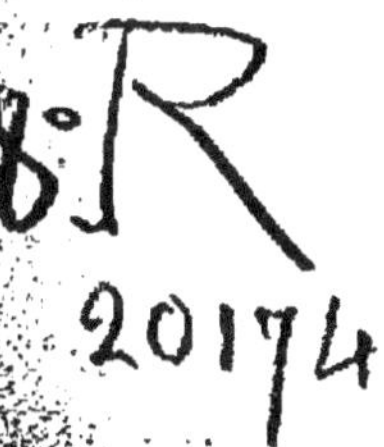

I

LA PARTICIPATION DU TRAVAIL

AUX BÉNÉFICES

On discutait récemment, à l'atelier, sur les divers problèmes sociaux qui agitent le monde des travailleurs, et chacun exposait les modifications qu'il jugeait nécessaire d'apporter aux formes du contrat de travail tel qu'il existe actuellement, afin d'améliorer le sort des ouvriers et de consolider les rapports pacifiques qui doivent exister entre le capital et le travail.

L'un d'eux, Auguste, qui avait étudié d'une façon spéciale la question de participation des ouvriers dans les bénéfices du patron, exposa ainsi ses idées sur cet intéressant sujet :

— Je pense, mes amis, que le mouvement coopératif doit constituer un heureux moyen d'apaisement social et un champ d'expérience qui nous apportera peut-être la solution tant désirée au point de vue de l'organisation future de la société. Je vais donc essayer de vous démontrer que la participation aux bénéfices est une forme de la coopération qui doit nous amener progressivement à l'association coopérative de production, destinée à se substituer au régime capitaliste.

Et, au lieu de considérer cette solution comme un pis-aller, en attendant l'organisation idéale que quelques-uns nous font entrevoir, je voudrais vous démontrer qu'elle peut nous conduire, non pas à la suppression du capital, mais à la possession du capital par les travailleurs eux-mêmes, chargés de le gérer et de le faire fructifier pour le plus grand bien de tous.

La participation aux bénéfices, suivant la définition de Ch. Robert, un des ardents propagateurs de l'idée, est une forme de contrat de travail par laquelle, en vertu d'une convention expresse ou tacite, un chef d'industrie attribue à son personnel, sans participation aux pertes, une part des bénéfices annuels de l'entreprise.

Les capitalistes, d'ailleurs, sentent bien que le temps approche où eux aussi auront leur nuit du 4 août, et, volontairement ou non, ils doivent escompter le moment où ils seront obligés, pour la paix sociale, de considérer le travailleur, non plus seulement comme l'instrument servile de leur richesse, mais comme leur véritable associé ; et cette qualification d'associé n'implique-t-elle pas nécessairement une participation effective dans les résultats ?

L'organisation actuelle des rapports entre le capital et le travail est absolument défectueuse ; elle repose sur le despotisme du capitaliste qui règne en maître absolu, guidé uniquement par son intérêt ou son bon plaisir ; d'autre part, le travailleur est considéré comme une machine dont on exige le plus grand rendement possible sans souci de son usure, son remplacement ne coûtant rien.

Dans l'organisation actuelle, le travailleur a, comme rémunération, un salaire fixe, compris dans les frais généraux de l'entreprise, au même titre que les dépenses d'entretien du matériel et de l'outillage. Mais, contrairement à ce qui se passe pour l'outillage, pour lequel on prend des mesures spéciales de conservation et d'entretien, le travailleur peut être surmené et usé avant le temps, son amortissement ne coûtant pas plus à celui qui l'emploie que son remplacement.

Le salaire reste donc le seul point de contact entre le travail et le capital ; et, si celui-ci périclite, le producteur s'en ressent tout le premier, par suite du chômage auquel il est exposé ; tandis que, s'il y a prospérité, il n'a aucune part dans les profits qui résultent directement de son labeur.

Le travail, facteur essentiel de la production, doit donc se contenter du salaire fixe que lui attribue le capital, alors que celui-ci recueille tous les bénéfices. Dans ces conditions, on conçoit que le producteur direct se désintéresse normalement des résultats et que, n'ayant pas le stimulant de l'intérêt, il se résigne à n'être qu'un salarié. Au point de vue moral, cette situation du salariat est au moins aussi défectueuse qu'au point de vue matériel.

Je crois que la participation aux bénéfices, au contraire, doit apporter dans la situation des travailleurs des améliorations qui ne sont pas à dédaigner. Néanmoins, je ne la considère que comme moyen transitoire et intermédiaire pour arriver, par la coopération du capital et du travail, à la fusion plus complète de ces deux sources du bien-être humain.

Quelques industriels ont déjà compris eux-mêmes quel parti ils pourraient tirer de cette coopération ; de timides essais de participation ont été tentés, avec succès du reste, et avec succès surtout pour les patrons, j'en conviens. D'ailleurs, l'un d'eux, au cours d'une enquête parlementaire faite à ce sujet ; et dans laquelle on le félicitait de son initiative, déclarait qu'en voulant faire une bonne action, il avait surtout fait une bonne affaire. On voit donc, par cet aveu, que les capitalistes seraient mal fondés à repousser une mesure semblable.

Au surplus, la répartition des bénéfices est une mesure équitable et nécessaire qui s'impose aujourd'hui avec une force indiscutable parce que, dans l'état de choses actuel, la classe des producteurs se trouve exclue d'une participation à une plus-value de la richesse collective dont elle est un des facteurs importants, et que cela n'est ni juste ni logique.

Mais il est bien entendu, à mon sens, que cette participation ne peut être qu'un système mixte entre le patronat et l'association coopérative de production ; c'est une étape à franchir pour arriver à cette réalisation du travail collectif dans lequel la communauté d'intérêts sera effective entre tous les participants. Les associations coopératives de production sont donc toutes désignées pour effectuer cette fusion véritable du capital et du travail, car elles personnifient bien la véritable organisation de l'avenir.

Donc, je le répète, la participation aux bénéfices doit surtout être considérée comme l'école d'expérimentation et l'acheminement vers l'association coopérative de production ; c'est une forme de l'évolution pacifique qui doit transformer profondément les conditions actuelles du travail. Mais, comme on ne peut espérer que cette transformation s'opérera radicalement et brutalement du jour au lendemain, il est désirable que cette mesure de transition, *la participation aux bénéfices,*

prépare les voies à une organisation rationnelle de la production. Elle seule, suivant
moi, peut réussir à associer des éléments qui
paraissent, de par leur origine même, si diamétralement opposés, elle seule peut rémunérer
de juste manière les services rendus par chacun de ces éléments, au moyen d'une répartition équitable et raisonnable des bénéfices
entre le travail qui exécute, l'intelligence qui
conçoit et dirige, et le capital qui fournit la
matière première et l'outillage, et cela même
en laissant à celui-ci une marge suffisante
pour ne pas supprimer toute initiative individuelle comme le craignent nos contradicteurs.

Une objection sérieuse a été faite à ce système de répartition des bénéfices, tirée de ce
qu'il ne peut y avoir de contre-partie en cas
de pertes au lieu de bénéfices. Mais, comme
première réponse à cette objection, ne voyonsnous pas malheureusement ce qui se passe
trop souvent quand une entreprise échoue :
le travailleur ne supporte-t-il pas sa quotepart de pertes par le chômage qui s'ensuit,
par l'abaissement des salaires et par la situation défavorable où il se trouve, bien plus que
le capitaliste lui-même qui souvent ne s'en va
pas les mains vides, ni dénué de ressources et
auquel sa situation sociale peut permettre de
trouver des compensations.

Si, au contraire, l'entreprise prospère, n'estce pas souvent dû précisément à ce que les salaires n'augmentent pas en proportion de l'élévation du prix de vente? Sous le régime actuel, d'ailleurs, les dividendes grossissent le plus généralement en raison même des diminutions de salaires imposées par les capitalistes.

Maintenant, comment peut-on exiger des industriels d'établir chez eux cette participation aux bénéfices ? C'est ici le point délicat que la loi seule peut trancher. La loi seule a le pouvoir d'imposer cette mesure de justice, car on ne peut compter sur la bonne volonté seule des capitalistes.

L'intervention de l'Etat se manifeste déjà dans les entreprises formées en sociétés sous le régime de la loi de 1867, et ce sont les plus nombreuses. D'ailleurs, c'est surtout dans les grandes industries, les grandes usines que cette réforme s'impose, car là, presque toujours, les ouvriers sont moins favorisés que dans les autres corporations.

Or, la loi impose déjà aux sociétés, une réserve de 5 % sur les produits annuels, et contrôle leurs opérations ; le principe existe donc, et le législateur peut parfaitement exiger une nouvelle réserve représentant une répartition proportionnelle des bénéfices ; ce n'est plus qu'une question de mesure et de taux à fixer.

Pour les capitalistes isolés et les chefs individuels d'industrie, la solution n'est peut-être pas aussi simple ; et j'avoue que les difficultés sont grandes. Toutefois, il semble que la mesure qui serait prise vis-à-vis des sociétés commerciales et industrielles pourrait exercer une influence salutaire sur les industries concurrentes, par suite des avantages assurés aux ouvriers travaillant pour le compte de sociétés où existera le partage des bénéfices.

Maintenant sur quelles bases pourrait être établie cette répartition ?

Sans vouloir approfondir cette question qui mériterait une étude toute spéciale, étant donnée la variété des cas qui se présenteraient, il semble qu'après prélèvement d'un taux raisonnable déterminé suivant les risques financiers de chaque genre d'entreprises et destiné à rémunérer le capital proprement dit, le surplus pourrait être partagé entre le capital et le travail.

Je rappellerai à ce sujet une proposition qui a été autrefois soumise à la Chambre et qui, comme tant d'autres, n'a jamais pu arriver à la discussion. Cette proposition de loi prévoyait la répartition de la manière suivante :

Après la réserve légale de 5 % instituée par la loi, un prélèvement de 10 % serait effectué pour rétribuer le conseil d'administration et le personnel de direction et de surveillance; il attribuait ensuite aux actionnaires ou propriétaires de l'entreprise pour dividendes, réserve

et amortissement jusqu'à concurrence de 6 °/₀
du capital nominal effectivement versé ; cette
part étant la rémunération fixe et bien limitée
du capital comme le salaire est la partie fixe
de la rémunération de l'ouvrier. Au-delà de
6 °/₀ l'excédent serait partagé par moitié entre
le capital et le travail.

Le capital, comme vous le voyez, aurait encore la part assez belle dans cette répartition ;
mais je n'ai cité cette proposition que comme
exemple de base de répartition ; ce serait
également une question de mesure à discuter.

En ce qui concerne le mode de distribution
des parts de bénéfices devant revenir aux travailleurs, plusieurs systèmes ont également été pré-
conisés et varient suivant le point de vue auquel
se sont placés leurs auteurs. D'abord le paié-
ment en espèces, laissant ainsi au participant
la libre disposition de sa part. Ensuite la capi-
talisation de chaque part avec livret indivi-
duel, de manière à constituer le patrimoine de
chacun d'eux ou sa transformation en rentes
viagères. Il semble que l'on ne doive s'arrêter
qu'au système qui aurait pour but de permettre le plus tôt possible aux participants de
devenir eux-mêmes propriétaires d'une portion
importante du capital, sinon de tout, en trans-
formant successivement les parts qui leur
seraient attribuées en actions de l'entreprise.
Ce serait véritablement là l'acheminement
vers la prise de possession pacifique et l'ex-

ploitation des capitaux par les travailleurs eux-
mêmes, devenant, à leur tour, propriétaires
en même temps qu'exploitants de l'industrie
ou de la maison de commerce.

Car je ne pense pas devoir m'arrêter un
instant à l'utopie qui décrèterait la suppression du capital. Le collectivisme et la nationa-
lisation de toutes les industries et de tous les
commerces seraient la négation de toute
liberté, de tout progrès intellectuel et de toute
initiative individuelle.

Voici donc mes conclusions :

Considérant la participation non pas comme
une solution définitive et absolue, mais bien
plutôt comme une initiation à la coopération
des producteurs, j'estime qu'il y a là un instrument d'émancipation économique et sociale
pour les travailleurs, une étape à franchir
pour réaliser cette organisation idéale du travail que représente l'association coopérative
de production, dans laquelle la communauté
d'intérêts est effective entre tous les participants, en un mot, un acheminement vers la
prise de possession et l'exploitation des moyens
de production par les travailleurs eux-mêmes.

Si la dissertation fut trouvée intéressante
par tous ceux qui l'avaient écoutée, elle donna
lieu à des critiques, et aussi à quelques appro-
bations, qui se traduisirent dans la conversa-
tion suivante :

MAURICE. — Après avoir suivi avec beaucoup d'attention les idées qui viennent d'être émises, je me demande, tout d'abord, en ma qualité d'agriculteur, comment le système de la participation aux bénéfices pourrait être appliqué dans l'agriculture ; j'entrevois des difficultés sérieuses à cet égard, étant donné le peu de régularité des travaux agricoles, surtout lorsqu'il s'agit de petites exploitations, et je considère ces difficultés comme rendant la participation matériellement impraticable dans les exploitations agricoles.

ALFRED. — La participation aux bénéfices est un leurre si l'on n'admet pas la réciprocité par la participation dans les pertes ; je crois que, même en admettant ce principe, la participation ne sera qu'un vain mot, car l'ouvrier ne consentira jamais à accepter une réduction de salaire en cas de pertes comme contre-partie d'une augmentation en cas de gains. Le seul moyen pratique, pour améliorer la condition sociale des travailleurs, réside dans l'unification et le relèvement des salaires. Je me demande, d'ailleurs, à quel taux on devra évaluer les bénéfices du capital et dans quelle mesure on tiendra compte des risques du capitaliste et je crois que c'est la seule chose à considérer car, soit que l'entreprise prospère, soit qu'elle périclite, ce n'est pas le travailleur qui est en cause, c'est le patron seul.

Cependant, il est bien certain qu'il y a quelque chose à faire, et je reconnais que les salaires devraient être assez élevés pour permettre à l'ouvrier de vivre honorablement ; mais il est déplorable d'avoir à constater que l'alcoolisme absorbe trop souvent une partie importante de ce salaire et c'est là qu'il faudrait frapper pour améliorer la situation de l'ouvrier. En outre, les ouvriers ont une fâcheuse tendance à traiter les patrons en ennemis, alors qu'il serait désirable de voir le capital et le travail se prêter une mutuelle assistance. D'autres mesures, telles que la suppression des ouvroirs et autres établissements analogues, ainsi que la réglementation du travail dans les prisons, donneraient également des résultats appréciables, en évitant l'abaissement des salaires qui résulte de cette concurrence anormale.

Louis. — J'approuve sur certains points les idées de l'ami Alfred ; cependant le capital et le travail, agents naturels de la production, concourant tous deux à la réalisation de bénéfices et le capital par lui-même ne produisant rien, il n'est pas juste de refuser au travail une part des bénéfices que le capital seul s'attribue. Le moyen doit-il être cherché dans la participation ou bien y a-t-il lieu de rendre l'ouvrier capitaliste lui-même ? Dans cette dernière hypothèse, je pense qu'une partie du salaire de l'ouvrier pourrait être capitalisée pour lui permettre d'arriver un jour à le rendre co-propriétaire du capital, par l'acquisition de parts sociales dans l'entreprise.

ALPHONSE. — Je suis également partisan, en principe, du système de la participation aux bénéfices, mais elle ne me paraît applicable que dans les grosses entreprises industrielles; elle est absolument irréalisable pour les petits patrons et le petit commerce, où souvent les employés gagnent eux-mêmes plus que le patron, tout en ayant moins de risques à courir.

ALFRED. — Je reprends mon raisonnement de tout à l'heure et je me demande à nouveau comment on pourra arriver à taxer l'intelligence du patron et le risque de ses capitaux; pour moi, tout est là, car le travail n'entre que pour une part restreinte dans la production des bénéfices et ne concourt que d'une manière indirecte à faire fructifier le capital, la réussite de l'entreprise résidant surtout dans l'habileté de celui qui la dirige.

La seule solution consiste, comme je le disais, dans l'élévation et l'unification des salaires.

GABRIEL. — Je proteste contre les assertions de l'ami Alfred, lorsqu'il dit que les ouvriers sont les ennemis du patron, cela n'est pas exact ; mais les ouvriers savent se rendre compte des bénéfices que leur labeur contribue à assurer à celui-ci, et ils ont conscience de leur valeur et de leur mérite personnel. Qu'ils travaillent manuellement ou non, c'est en réalité leur travail seul qui permet au capital de fructifier entre les mains du patron.

Sans méconnaître les mérites de la participation aux bénéfices, je pense que l'on doit surtout s'attacher au développement et au perfectionnement des Syndicats professionnels pour arriver à une unification des salaires et favoriser la création des Associations coopératives de production et de consommation, les coopérateurs devenant ainsi des capitalistes eux-mêmes.

ALFRED. — Dans tous les arguments qui nous ont été présentés jusqu'ici, il n'a pas été question des entreprises qui se chiffrent par des pertes, et on a bien soin de les laisser de côté, parce que, dans ce cas, on ne voudra pas y participer. La participation aux bénéfices n'est juste et logique qu'avec la réciprocité de la participation dans les pertes. En ce qui concerne les coopératives, je n'admets pas leur prétention de ne recevoir chez elles que des ouvriers auxquels on ne soit pas obligé de faire crédit ; de plus, les associations coopératives de consommation sont une atteinte à la liberté du commerce, par suite des faveurs dont elles jouissent, et elles amèneront fatalement la ruine et la suppression des petits patrons.

ALEXANDRE. — Cependant, il ne faut pas confondre au point de vue de l'application du système de participation aux bénéfices, les petits patrons ou les petits entrepreneurs avec les Sociétés industrielles où les dividendes des actionnaires sont très élevés et supposent d'énormes bénéfices dont il serait juste de faire profiter ceux qui contribuent pour la plus grande part à les procurer.

MAURICE. — Je reviens sur la question de l'agriculture où les conditions sont très variables, d'une situation à l'autre, suivant que l'exploitant est ou n'est pas propriétaire du fonds ; le petit propriétaire ne doit être considéré le plus souvent que comme un ouvrier et on ne saurait le qualifier de capitaliste; le petit fermier, comme le petit propriétaire, ne peuvent être astreints à partager des bénéfices, la plupart du temps très aléatoires, et qui arrivent à peine, dans bien des cas, à compenser les pertes éprouvées dans les années mauvaises.

Le gros propriétaire exploitant serait seul à même d'admettre ses ouvriers à participer aux bénéfices de l'exploitation, à la condition toutefois que ceux-ci soient des ouvriers stables, condition bien difficile à remplir, car

comment déterminer, par exemple, la part des travailleurs engagés seulement pour des travaux temporaires.

ALBERT. — Si vous voulez me permettre, je vais, à mon tour, vous exposer mes vues sur la question :

Dans la société actuelle, il y a, d'un côté, ceux qui possèdent le capital, la plupart du temps ils ne l'ont pas gagné; ce capital s'accroît progressivement des bénéfices réalisés. De l'autre côté, il y a ceux qui travaillent ; ils fournissent, pour un salaire souvent au-dessous des besoins réels, une somme de labeur qui se traduit par une usure progressive de leur énergie.

Ils contribuent tous deux à un ensemble d'opérations qui peut se résumer ainsi : le capital produit un bénéfice et s'accroît, le travail ne produit que le déchet du travailleur. Ce déchet doit être réparé par la société, et cette iniquité sociale doit disparaître. Mais je ne pense pas que le remède réside seulement dans la surélévation des salaires, car une pareille mesure ne peut être imposée.

On doit chercher dans l'assurance sociale le moyen de garantir les travailleurs contre les risques de toutes sortes qui résultent pour eux du chômage ou de l'invalidité. De plus l'association syndicale, qui pourrait être une si grande force entre les mains des ouvriers, n'a pas encore produit tous les résultats qu'on était en droit d'attendre de cette institution ; les Syndicats ont encore à lutter aujourd'hui contre l'indifférence de beaucoup d'ouvriers et contre les agissements des Syndicats jaunes qui subissent l'influence du capital.

Pour arriver à l'unité de vues et à la cohésion des forces corporatives, il faut d'abord faire l'éducation de l'ouvrier ; car le Syndicat est le meilleur instrument pour les masses ouvrières, à condition qu'elles sachent bien s'en servir.

Il est très difficile de concilier l'intérêt du patron avec celui de l'ouvrier dans le systéme de la participation aux bénéfices ; je l'ai essayé moi-même dans mon établissement et je n'ai pu y réussir.

Comment éviterez-vous les abus qui résulteront du contrôle que l'ouvrier se croira en droit d'exercer sur les opérations du patron ?

Cependant, contrairement à ce qu'a dit notre ami Alfred, j'estime que l'intelligence du patron n'est pas seule en jeu dans la réussite d'une entreprise ; le capital ne peut pas produire par lui-même et le manœuvre qui roule la brouette est aussi indispensable que l'ingénieur qui dresse le plan et dirige l'exécution.

Cette collaboration du travailleur doit donc être suffisamment rémunérée, non pas seulement par le salaire fixe, considéré comme un minimum, mais par une surélévation de ce minimum, variable suivant la hausse ou la baisse des produits du capital, opérations qui seraient contrôlées par une sorte de compteur de cette hausse ou de cette baisse.

Ces sursalaires résulteraient pour une même industrie, de la masse des gains et des pertes de cette industrie. Une part de cette augmentation pourrait constituer une réserve en faveur de l'ouvrier ou de ses enfants, et cette part dans les bénéfices de la Société serait d'autant plus large que le nombre d'enfant serait plus élevé.

Henri. — Il est évident qu'avant de songer à appliquer un système quelconque, il y a lieu de commencer par faire l'éducation de l'ouvrier, et j'ajoute, celle des capitalistes également. Lorsque l'ouvrier sera suffisamment éclairé, il aura conscience de sa valeur et de son droit; il réclamera lui aussi sa part du bien être dont jouissent les capitalistes qui ne produisent rien et ne viennent à l'usine que pour toucher leurs bénéfices.

Quant aux petits patrons dont on parlait à instant, ils ne me paraissent que médiocrement intéressants, les droits du consommateur l'étant davantage et ces droits se trouvant lésés lorsque les consommateurs sont forcés d'avoir recours à ceux qui leur vendent plus cher.

ALBERT. — Cependant, je ne puis m'empêcher de regretter la disparition des petits patrons; car, si les grands magasins ont rendu service à beaucoup en vendant bon marché, cela est dû en partie à ce que les ouvriers qui produisent les articles ainsi vendus sont payés moins cher. Ce serait en outre la suppression de toute émulation dans la production. Les grosses industries ont, d'ailleurs, pour justifier les salaires réduits qu'ils donnent à leurs ouvriers, organisé autour de leurs usines toutes espèces d'institutions soi-disant philanthropiques dont leurs ouvriers sont les clients forcés et qui sont une nouvelle source de bénéfice.

VICTOR. — Si l'on veut enrayer le mouvement qui met aux prises les travailleurs et les capitalistes, c'est dans une modification plus profonde des mœurs et des habitudes sociales qu'il faut chercher la solution. Les besoins de l'existence étant les mêmes pour tous, les moyens d'y subvenir doivent d'abord être unifiés; le superflu ne devant être l'objet d'aucune rétribution spéciale et exigeant à tort une plus large part, on supprimerait du même coup la jalousie et l'envie.

ALBERT. — Permettez-moi de vous faire remarquer que, si vous supprimez le superflu, il n'y a plus d'émulation possible, ni d'initiative personnelle.

Henri. — Alors vous faites donc résider l'émulation dans l'espérance d'un gain plus fort.

Albert. — Certainement, parce que l'effort réalisé pour obtenir ce gain répond parfois à une nécessité; car il est l'unique moyen d'avoir plus de bonheur social.

René. — Ce raisonnement n'a de valeur que parce que la société actuelle est mal faite.

Gabriel. — J'en reviens à la nécessité de l'éducation du travailleur, exploité par les grands chefs d'industrie, qui lui permettra de s'affranchir de la servitude qui lui est imposée par ceux-ci lorsqu'ils l'obligent à habiter des logements et à s'approvisionner à des magasins qui sont la propriété de l'usine et à aliéner ainsi une partie de sa liberté.

Eugène. — Je crois que cette discussion pourrait nous mener très loin et il ne manqueraient pas d'autres arguments à opposer au système de la participation aux bénéfices. Toutefois, bien que je sois l'adversaire déclaré de cette conception de l'organisation sociale, je suis d'avis qu'elle peut produire une amélioration sérieuse dans la société actuelle. Elle est donc à recommander et à propager en attendant la transformation des moyens de production.

JULIEN. — Je suis prêt à féliciter le patron qui voudra bien faire participer ses ouvriers dans les bénéfices de sa maison, puisque cela peut avoir pour résultat d'augmenter le bien être de l'ouvrier, mais alors je voudrais que l'ouvrier chargé de famille participât dans une plus large mesure que celui qui est célibataire. Mais il est douteux qu'un patron s'arrête à ces considérations.

ALBERT. — J'admets parfaitement que le capital-argent, plus avantagé que le capital-travail, doive faire à celui-ci une plus large part dans les bénéfices de la production; mais cependant, si l'on adopte la définition de la participation, telle que nous la donnent ses partisans, le capital-argent devrait subir à lui seul les conséquences des pertes subies dans les années mauvaises, alors qu'il serait obligé de partager lorsqu'il y aurait des bénéfices; cela ne me semble pas juste.

EUGÈNE. — Cette objection n'est pas fondée, car le capital-travail, lui aussi, éprouve sa part de pertes par l'usure qu'il subit et que rien ne peut réparer.

ALBERT. — Cependant, il faut partir de ce principe que la société est un tout où chacun apporte sa pierre à l'édifice social; tous ont donc droit à une part du bien être social résultant des efforts communs, car l'effort de chacun ne peut produire de résultat que par l'effort du voisin. L'organisation sociale est donc basée sur la solidarité.

Or, pour indemniser le capital-travail de la perte qu'il subit du fait de son usure, proportionnellement à ses charges de famille, une part des résultats de ses efforts, il y a lieu de prélever sur les bénéfices réalisés par le capital-argent, la quotité nécessaire pour remplir ce devoir de solidarité. Et, il ne me paraît pas qu'il soit utile de recourir à la participation aux bénéfices pour cela ; j'estime que ces prélèvements de solidarité à effectuer au profit du salarié pourraient être faits sur une caisse commune, alimentée soit par région, soit par industrie, au moyen des bénéfices des patrons de cette même région, ou de cette même industrie.

JULIEN. — Il me semble que ce problème de la participation serait parfaitement réalisable si les ouvriers étaient intéressés à la bonne marche d'une société dans laquelle ils pourraient être appelés à entrer eux-mêmes en devenant actionnaires. C'est ce qui s'est passé aux Cristalleries de Baccarat : tous les ouvriers sont devenus successivement sociétaires ; les actions ont augmenté de valeur et sont restées entre les mains des ouvriers, en se transmettant de famille en famille.

HENRI. — On parle toujours des craintes

que peut faire naître, dans l'esprit des patrons, l'application d'un tel système ; mais il est bien évident qu'on ne va pas décider tout d'un coup cette participation en faveur des ouvriers, sans avoir donné au capital toutes les garanties nécessaires à la bonne gestion d'une affaire et à une équitable rémunération. Il faudra d'abord, avant toute répartition, déduire l'intérêt du capital engagé, les réserves légales et celles nécessaires pour l'amortissement ; c'est alors qu'il pourrait être procédé, après fixation du dividende, à une répartition, permettant d'élever les salaires de 10 à 15 °/°, ou de placer le montant de cette répartition pour constituer des retraites aux travailleurs.

MAURICE. — Je crains bien que toutes ces bonnes intentions demeurent lettre morte et qu'on ne discute encore longtemps sur cette question ; pour moi, la meilleure chose serait la création de caisses du travail, venant en aide aux familles nombreuses.

ALBERT. — C'est aussi mon avis et je crains également que l'adoption d'une mesure semblable ne nuise aux réformes futures.

AUGUSTE. — Je ne méconnais pas la valeur de toutes les objections qui viennent d'être soulevées, cependant il me semble qu'on s'est un peu écarté, dans l'ardeur de la discussion, du principe même du sujet qui était spécialement en jeu, en envisageant surtout des questions de fait et d'espèce et en recherchant les solutions particulières à chaque cas.

Je crois qu'ici nous émettons surtout des idées générales et que l'étude et l'examen attentif des questions que soulèvent les problèmes sociaux doivent avoir pour résultat de poser des principes, laissant à d'autres, *aux législateurs*, le soin de trouver les solutions pratiques.

Cependant, permettez-moi de répondre quelques mots aux deux objections principales, tirées de la non participation aux pertes et de la crainte de voir l'ouvrier s'immiscer dans les opérations du patron.

La participation ne peut être considérée que comme un sursalaire proportionnel aux bénéfices, et il est évident que s'il n'y a pas de bénéfices, ce sursalaire n'existe pas. Le capital-travail, appartenant à l'ouvrier, a pour rémunération fixe un salaire plus ou moins élevé qui n'est que la représentation effective du service matériel rendu et le gage du contrat de louage passé entre le patron et l'ouvrier; et il ne saurait subir de réduction comme participation en cas de pertes de bénéfices. Mais, si les efforts du travail contribuent, incontestablement, à la production de bénéfices, n'est-il pas conforme à la conception supérieure de l'idée de justice, que le patron soit amené à attribuer en sus du salaire, une part dans les

profits, part qui ne sera que la juste rémunération du concours donné.

La participation serait donc pour les
ouvriers une sorte de dividende de leur capital-travail, au même titre que les dividendes
du capital-argent.

La seconde objection est basée sur la crainte
de voir les ouvriers s'immiscer dans la direction des opérations, suspecter les déclarations
de bénéfices et exiger la publication de la
comptabilité.

Pour répondre à cette objection et donner
un caractère d'exactitude et de sincérité destiné à dissiper toute méfiance dans le cas où
les conditions du contrôle ne seraient pas
déterminées dans le contrat de participation,
il y aurait lieu de stipuler la désignation d'ex-
perts accrédités légalement, chargés de constater la régularité des inventaires et de décider
si la participation proposée est appliquée con-
formément au contrat intervenu ou aux règles
du droit.

C'est précisément, d'ailleurs, pour prévenir
l'ingérence de l'ouvrier, et pour dégager sa
responsabilité en cas de perte, que le législateur demande la reconnaissance légale du
contrat de participation et a prévu une clause
limitant sagement le droit de contrôle de
l'ouvrier.

Car, il y a ceci de remarquable, c'est
qu'actuellement, le contrat de participation

aux bénéfices n'est pas reconnu par la loi, en ce sens que les obligations des contractants ne sont pas limitées ; c'est ainsi que les tribunaux appelés à se prononcer sur la réclamation d'ouvriers demandant la justification des bénéfices qui leur étaient bénévolement attribués par le patron, leur ont donné gain de cause; tandis que, dans le régime proposé, les droits de chacun des contractants seraient sagement précisés.

Un de nos amis a particulièrement insisté sur la nécessité de déterminer exactement la valeur à donner à chacun des éléments appelés à cette participation ; il y a également lieu de tenir compte des risques courus aussi bien par l'outillage industriel que par l'outillage humain.

L'accession du personnel actif de l'industrie à la co-propriété du capital, par l'acquisition de parts sociales, au moyen des ressources ournies par la participation, atténuerait ces difficultés dans une large mesure.

Mais, quelle que soit l'importance des obstacles auxquels doit se heurter la solution de la question, ils ne s'opposent pas sérieusement au principe même et je reste convaincu, qu'en attendant les lois protectrices du travail qui doivent assurer le travailleur contre l'insécurité, le surmenage et l'arbitraire, la participation doit réaliser une amélioration considérable dans les rapports entre le capital et le travail.

L'application de ce principe si légitime pourra, par une évolution pacifique, conduire le monde des travailleurs vers l'association coopérative de production appelée à se substituer au régime actuel.

Elle démontrera la possibilité de passer pacifiquement, sans révolution violente, du régime du salariat à l'association du capital et du travail en attendant l'élimination de l'élément capitaliste de la production.

Prix pour la Propagande

L'Exemplaire :

De 1 à 24 Exemplaires... 20 Centimes

De 25 à 49 Exemplaires.. 18 —

De 50 à 99 Exemplaires .. 15 —

De 100 à 200 Exemplaires 12 —

Au-dessus de 200 . 10 —

M
HUMANITÉ TRAVAIL